July.

바람이 시작된 곳은
어디일까요.

1

THE LADY DUCK
CALENDAR

June.

잔잔한 풍경이 흘러갑니다.

30

하루를 물들이는 수채화 일력
오리여인의 365일 만년 달력

1판 1쇄 인쇄 2021년 11월 13일
1판 1쇄 발행 2021년 11월 23일

지은이	오리여인	제작	제이오
발행처	(주)수오서재	주소	경기도 파주시 돌곶이길 170-2 (10883)
발행인	황은희 장건태	등록	2018년 10월 4일 (제406-2018-000114호)
책임편집	마선영	전화	031 955 9790
편집	최민화 박세연	팩스	031 946 9796
마케팅	이종문 황혜란 안혜인	전자우편	info@suobooks.com
디자인	권미리	홈페이지	www.suobooks.com
		ISBN	979-11-90382-51-9 (00810)

ⓒ오리여인, 2021
이 책은 저작권법에 따라 보호받는 저작물이므로 무단전재와 복제를 금합니다.
이 책 내용의 전부 또는 일부를 사용하려면 반드시 저작권자와 수오서재에 서면동의를 받아야 합니다.

July.

2

하늘만 바라보던 나무가
별을 닮은 꽃을 피웠어요.

June.

29

담아서 내어 놓는 일,
마음을 내어 놓는 일.

July.

3

바다는
다 모여야 푸른 색이잖아요.

THE LADY DUCK CALENDAR

June.

28

땅과 태양이 키운 아이들은 다 아름다워요.

THE LADY DUCK
CALENDAR

July.

4

여름이 왔어요.

June.

27

별거 아니지만 꽃과 식물의 이름을
몇 개 알아두면 멋지잖아요.

July.

5

모든 초록이 뽐내고 있어요.

June.

활짝 피는 일.

26

July.

6

짙고 깊은 여름의 밤.

THE LADY DUCK CALENDAR

June.

집 안에 둘 꽃을 사보세요.

25

THE LADY DUCK
CALENDAR

July.

7

우리 하늘에 떠 있는 별만큼
행복해져요.

THE LADY DUCK
CALENDAR

June.

24

건강한 식재료가
정신의 건강을 가져올 거예요.

July.

8

까맣지만 푸르고 옅지만 짙고
멀지만 늘 곁에 있는 것.

June.

식물도 자신만의 선을 가지고 있어요.

23

THE LADY DUCK
CALENDAR

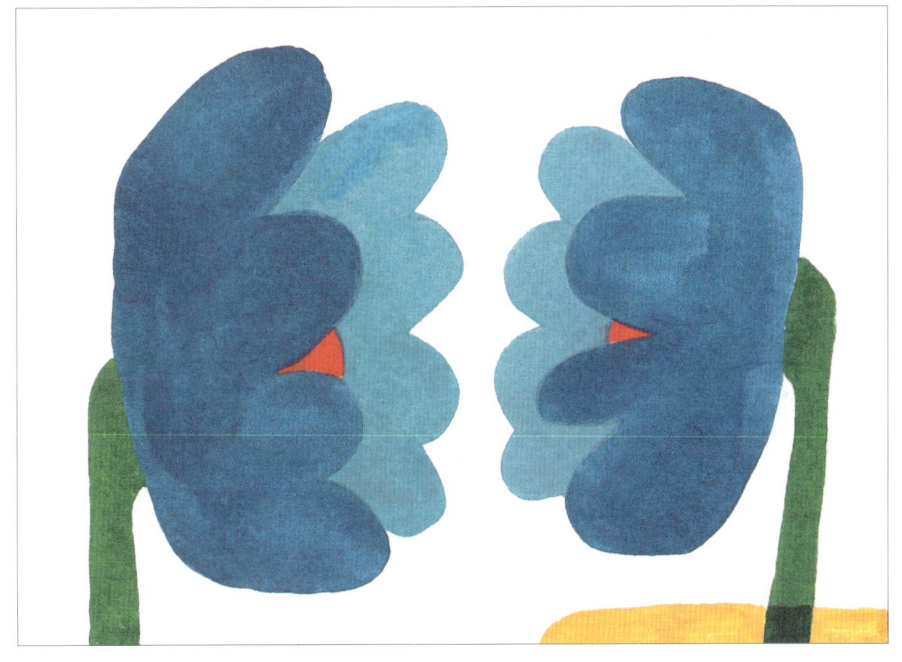

July.

9

향기로운 사람이 되고 싶어요.

June.

짙고 푸르고 건강한 나무들.

22

THE LADY DUCK
CALENDAR

July.

10

인생을 함께 가는 사람들이 있잖아요.

June.

행복을 맺는 일.

21

July.

11

어깨가 젖어도 우산을 같이 쓰고 싶다면
그건 사랑이겠죠.

THE LADY DUCK
CALENDAR

June.

20

기쁜 일은 어디에서 생길지 몰라요.

July.

12

호수는 자신이 이렇게 큰 나무를
키울 수 있을지 알고 있었을까요.

June.

19

나무를 가꾸는 일은 근사해요. 오래 지켜보고
몇 년을 키우고 몇십 년을 바라보잖아요.
인생도 그렇게 근사하게 살아요.

July.

13

혼자면 어때요. 혼자서도 꿋꿋이
잎을 뻗고 꽃잎을 틔우잖아요.

THE LADY DUCK
CALENDAR

June.

아름답고 또 아름다운 날.

18

July.

14

틀린 것은 없어요.
다를 뿐이에요.

June.

당신에게 네 잎 클로버를 선물할게요.

17

July.

15

여름이라는 농부가 만든 우리.

June.

16

우렁찬 여름은 식물을 쑥쑥 키워냅니다.

July.

16

시고 달고 쓰고.

THE LADY DUCK
CALENDAR

June.

15

정형화되지 않은 식물들이
눈에 더 들어오더라고요.
그게 매력이라는 거겠죠?

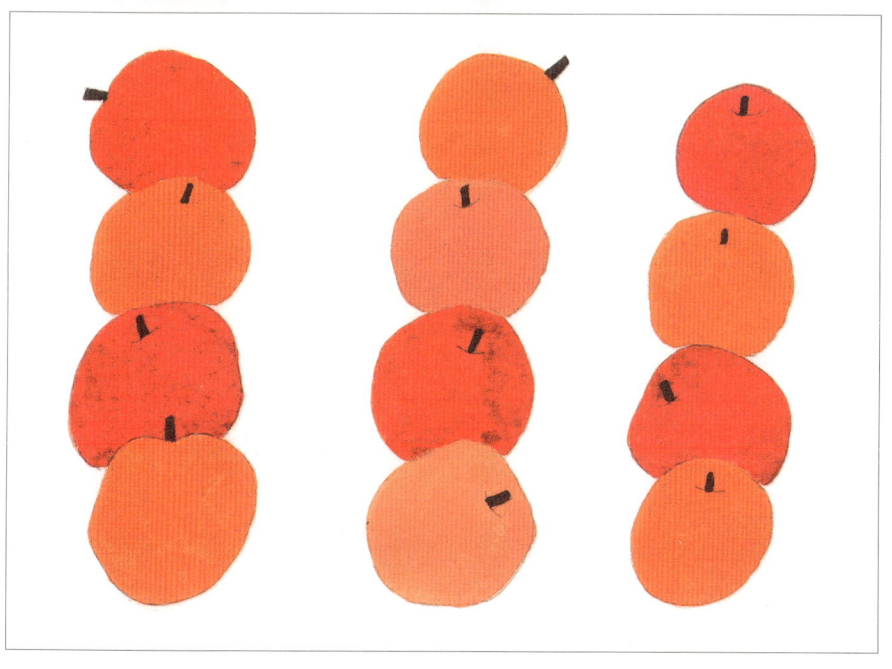

July.

17

오늘은 내가 가진 것을
남과 조금 나누면 어때요?

THE LADY DUCK
CALENDAR

June.

14

작은 상자에 소중한 것들을 모아두어요.
상자에 두면 더 안심이 되잖아요.

July.

18

가만히 들어주는 하루를 보내보세요.

THE LADY DUCK
CALENDAR

June.

13

참외를 보면 엄마가 생각나요.
추억은 그런 거예요.

THE LADY DUCK
CALENDAR

July.

19

우리 친구가 될 수 있을지도 몰라요.

THE LADY DUCK CALENDAR

June.

12

모두가 자는 시간, 달빛은 참 바빠요.
어두운 길 가는 사람 비춰줘야 하고
더디게 피는 꽃도 피어나게 도와줘야 하고.

THE LADY DUCK CALENDAR

July.

20

아기자기한 이야기를 나눠요.

June.

11

용감하고 씩씩한 노란 꽃.

THE LADY DUCK CALENDAR

July.

여름의 꽃.

21

THE LADY DUCK
CALENDAR

June.

10

진하고 달큰한 빨간 사과 한 알이 되기까지
얼마나 많은 밤을 보냈겠어요.

July.

22

이름을 꼭 알아야 하나요.
나는 당신이 좋아요.

June.

9

사과 꽃이 피는 계절.
훗날 어떤 사과가 될까요?

THE LADY DUCK
CALENDAR

July.

23

뜨거우면 비가 내리는 거예요.
그러니 잠시 쉬어가면 돼요.

THE LADY DUCK
CALENDAR

June.

달고 맛난 복숭아의 계절이 왔어요.

8

THE LADY DUCK
CALENDAR

July.

24

함박웃음.

June.   땅의 기운.

7

THE LADY DUCK CALENDAR

July.

25

해마다 같아도
해마다 다른 이야기들.

THE LADY DUCK
CALENDAR

June.

비슷하지만 다른 것들.

6

THE LADY DUCK
CALENDAR

July.

경쾌한 지혜를 가지는 것.

26

June.

가볍고 귀여운 마음을 지녀봐요.

5

THE LADY DUCK CALENDAR

July.

27

태양은 더욱 뜨거워지고
열매는 계속 영글어가요.

June.

시간별로 다른 해의 온도.

4

July.

계절이 묻어 있는 꽃들.

28

June.

3

초록이 더 짙어질 때
여름의 문이 열린대요.

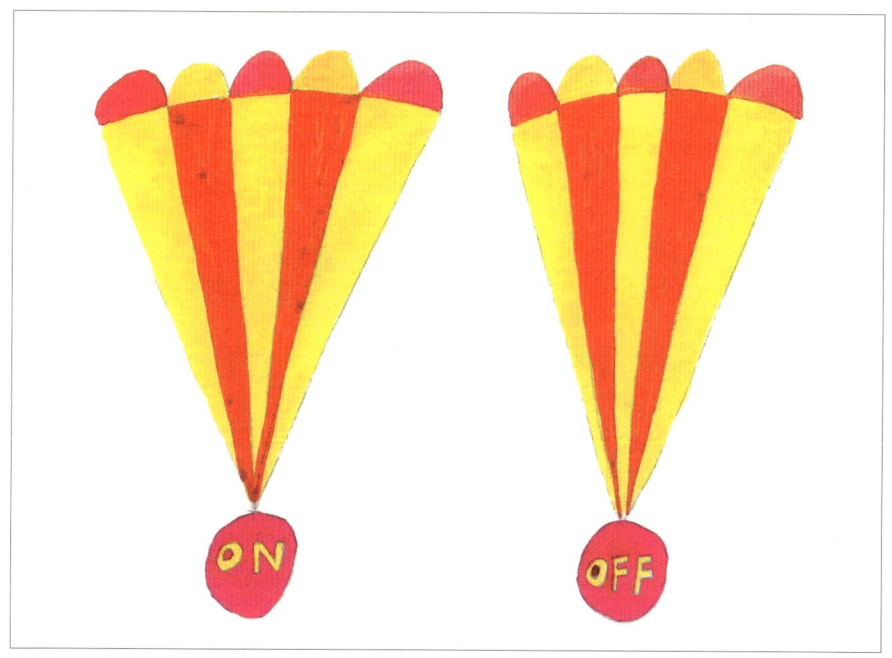

July.

29

좋은 생각은 켜고
그렇지 않은 생각은 꺼두세요.

June.

2

지금 생각나는 초여름의 추억이 있나요?

THE LADY DUCK CALENDAR

July.

나에게 집중해요.

30

THE LADY DUCK
CALENDAR

June.

마음을 담은 편지를 써보세요.

1

THE LADY DUCK
CALENDAR

July.

31

달빛의 보살핌으로 오늘 밤도 행복하기.

May.

하얀 기분.

31

THE LADY DUCK
CALENDAR

August.

1

오랜 시간 한 자리에서 자란
강하고 힘찬 나무처럼.

THE LADY DUCK
CALENDAR

May.

30

봄에 자란 꽃들은 따뜻함을 가졌어요.

THE LADY DUCK CALENDAR

August.

2

산과 들과 바람과 구름과 여름.
그리고 나.

THE LADY DUCK CALENDAR

May.

29

5월이 키운 꽃과 식물들.

May.

28

나도 남도 잘 챙기는 마음.
전 이 마음이 있어서 좋은 걸요.

August.

4

일기 예보에
무지개 예보도 있으면 좋을 텐데.

May.

27

꽃밭의 공기는 향기에 가까워요.
마음에도 꽃을 많이 심으세요.

August.

5

나무를 키울 때는 꼭 가지치기를 해야 한대요.
그 아픔이 조경 나무는 더 멋있게,
열매 나무는 열매를 더 잘 맺게 한다고요.

May.

26

나무는 해마다 쉬지 않고
내면의 나이테도 넓어지고 커지는데
나도 그럴 수 있었으면 좋겠어요.

August.

6

땅에 삐쭉 튀어나온 잡초를 가만히 보니
보드랍고 여린 새잎이 났어요.
꿋꿋해요.

THE LADY DUCK
CALENDAR

May.

25

사랑하는 사람에게 선물하는 꽃이라면,
그 꽃은 얼마나 좋은 말만 듣겠어요.

August.

7

멀리서 보아야
나무가 몇 개인지 알 수 있어요.

May.

24

언제부터인가
평안한 것이 참 좋아요.

August.

8

산은 수많은 나무와 식물을 품고 돌보며 살아요.
그 안에서 일어나는 많은 일을 안고 살아요.

May.

23

식물은 사이좋게 지내요.

August.

9

파도만큼 시시때때로 바뀌는 것도 없어요.
그래서 한 생각에 머물러 있게 되면
파도에게 도움을 청합니다.

THE LADY DUCK
CALENDAR

May.

22

내 마음 잘 정돈되어
예쁜 리본이 될 수 있을까요.

August.

10

작은 꽃들이 매력 있죠.
화려하진 않지만 그에 지지 않는
귀여움이 있어요.

THE LADY DUCK
CALENDAR

May.

21

잘 볼 수 없어 반갑고
비 갠 뒤에 찾아주니 위로되고.

August.

11

산은 구름이 고맙대요.
구름이 그늘을 만들어 주거든요.

May.

20

식물은 그 자리인데
향기는 저 멀리, 씨앗은 더 멀리.

August.

12

내가 예뻐하는 순간,
그것이 귀하고 값지게 됩니다.

May.

19

꽃들의 생일은 봄에 가장 많을 거예요.

August.

13

어렸을 때도 어른이 되어서도
늘 필요한 존재이죠.

May.

예쁘게 자라렴.

18

August.

14

이름부터 귀엽잖아요. 아오리.
초록 사과 연두색 사과라고 하면
이정도로 귀여울 것 같지 않은데.

May.

17

나무도 봄을 아는 거죠.

THE LADY DUCK CALENDAR

August.

굳건하고 씩씩한.

15

May.

16

집에서 식물을 키울 때
해, 바람, 비를 못 맞아 생기는 부족한 부분은
사람이 사랑으로 채워야 해요.

August.

16

오밀조밀 귀여워서 웃음이 나요.

May.

나누어 먹을 거예요.

15

August.

17

우아한 게 제일인 것 같아요.

THE LADY DUCK CALENDAR

May.

14

기념일에만 케이크를 먹어야 하나요.
케이크를 먹으면 그게 특별한 날이죠!

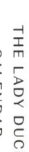

August.

설명할 순 없지만 귀여운 것들.

18

May.

13

생각이 영글어 끝맺음이 났다면,
수확할 시간이에요.

August.

19

그거 아세요?
이 사과들은 모두 한 나무에서 태어났어요.
그리고 단 하나도 똑같지 않아요.

THE LADY DUCK
CALENDAR

May.

12

나비는 꽃을 찾아가고
꽃은 나비를 기다려요.

THE LADY DUCK
CALENDAR

August.

20

수박 갈라지는 소리, 귀뚜라미 소리,
선풍기 소리, 컵에 얼음이 부딪치는 소리,
여름밤의 소리.

THE LADY DUCK
CALENDAR

May.

11

반가운 민들레야, 안녕!

THE LADY DUCK CALENDAR

August.

주렁주렁.

21

May.

10

소나기만 열기를 식히는 게 아니에요.
바람도 태양빛이 뜨겁지 않게 조절해준대요.

THE LADY DUCK
CALENDAR

August.

오늘은 나를 위해.

22

May.

밝고 고운 잎을 가진 사람.

9

August.

여름에 좋은 사람과 함께 먹는 팥빙수.

23

May.

8

누군가를
챙기고 싶고, 아끼고 싶고, 품고 싶은 마음.

August.

24

토마토 같은 사람. 어디에나 잘 어울리고
도움을 주지만 자신을 내세우지 않는,
적당함과 절제가 있는 건강하고 미묘한 사람.

May.

7

우리 함께 놀까요?

August.

25

식물은 어느샌가 꽃을 피우고
어느샌가 열매를 맺어요.
누가 보지 않아도 그렇게 혼자 묵묵히요.

May.

5월은 다른 날보다 들뜨고 명랑해져요.

6

August.

26

강물은 늘 아래로 흘러요.
자연의 물은 위로 치솟는 법이 없어요.
겸손을 배우게 해요.

May.

5

어른이 되었어도 어린이날이 좋아요.

August.

27

숲속에서.

THE _ADY DUCK
C∧LENDAR

May.

4

잊고 지낸 소중한 것들이 있나요?
오늘은 그것들을 떠올려보세요.

August.

28

소나무는
불안이 없는 푸름을
우리에게 보여줘요.

May.

3

혼자 산책하면
함께 걸을 때 못 봤던 것들을
자연이 보여줘요.

August.

더디고 느리게 자란 나무는 더 단단해요.

29

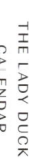

THE LADY DUCK
CALENDAR

May.

2

태양이 만든 나무,
그 나무로 지어진 집.

THE LADY DUCK
CALENDAR

August.

30

키우고 있는 식물이 있다면
이름을 지어주세요.

THE LADY DUCK
CALENDAR

May.

1

살면서 꽤 많이 하늘을 봤지만
같은 구름은 단 한 번도 본 적 없어요.

THE LADY DUCK
CALENDAR

August.

31

늦여름을 좋아해요.
타버릴 듯한 열기도 꺾이고 마음이 넓어져요.
변화를 맞이하는 방법을 배우는 느낌이에요.

April.

30

계절은 계속 흘러가고 있어요.

September.

1

웃는 것도, 행복한 것도,
다 내가 결정하는 거예요.

THE LADY DUCK
CALENDAR

April.

봄이 익어갑니다.

29

September.   노랑과 주황.

2

THE _ADY DUCK
C*LENDAR

April.

28

서로를 아끼는 마음으로 함께 살아요.

September.

가을이 만드는 이야기.

3

THE LADY DUCK
CALENDAR

April.

27

사랑하는 사람에게
사랑하는 마음을 전해요.

THE LADY DUCK
CALENDAR

September.

수줍고 소심한 꽃들.

4

THE LADY DUCK
CALENDAR

April.

26

우주가 보내는 신호.

September.

영글어갑니다.

5

April.

25

꽃은 사람을 행복하게 하는
힘을 가지고 있어요.

September.   당신만의 행운을 떠올려 봐요.

6

April.

24

있잖아요.
그 자체로 빛나는 사람.

September.

계절은 서서히 변하는 중.

7

April.

23

고민은 해도 되지만
걱정은 하지 마세요.

THE LADY DUCK
CALENDAR

September.

8

여름과 가을을 닮은 맨드라미,
뜨거운 열기 같기도 하고
서늘한 석양 같기도 해요.

April.

22

소중히 여기는 것들을
아껴주세요.

September.

9

봄에 피는 꽃은 혹독한 겨울을 지나 씩씩하고,
가을에 피는 꽃은 지독한 여름을 지나 대견해요.

April.

21

날 수 있어서 자유로운 게 아니라
자유롭기 때문에 날 수 있는 거예요.

September.

10

여리게 보여도
쓰러지거나 부서지지 않아요.

April.

빛나는 당신.

20

September.

11

수확의 기쁨.
물질이든, 정신이든, 지식이든.

April.

19

생각이 밝아지면 내가 밝아지고
내 주변까지 밝아져요.

September.

12

가을은
누구에게나 평등하게 찾아가고 있어요.

THE LADY DUCK
CALENDAR

April.

18

내 하루를 조금 더 풍요롭게 하는 것에
마음을 쏟아보세요.

THE LADY DUCK
CALENDAR

September.   낭만의 계절.

13

April.

17

어떻게 보느냐에 따라 생각도 달라져요.

THE LADY DUCK
CALENDAR

September.

14

여름이 지나간다고도,
가을이 오고 있다고도.

THE LADY DUCK
CALENDAR

April.

16

꽃나무가 흔들리면
주변에 꽃향기가 넘실거려요.

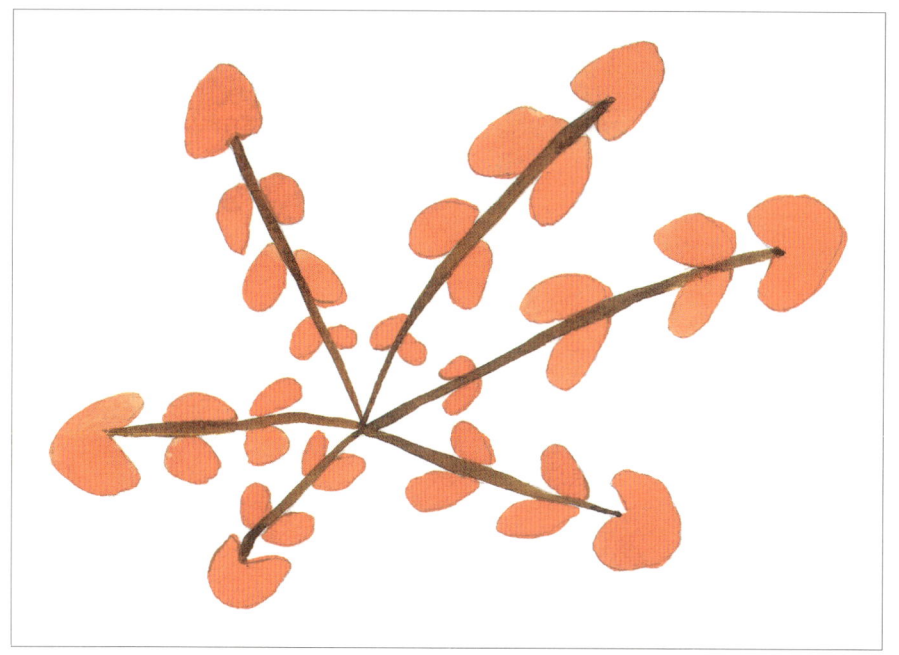

September.

15

시멘트에 삐쭉 올라온 식물이
굉장히 용맹해 보였어요.

April.

15

타인과 나를 비교하지 말아요.

THE LADY DUCK
CALENDAR

September.

16

무화과는 세계에서 가장 오래된 과수래요.
4,000년 이상을 살아온 과일을 맛보는 거예요.

April.

14

튤립은 옛날부터 사랑받던 꽃이래요.
귀족만이 가질 수 있었다나?
오늘 귀족이 되어보세요.

September.

식탁을 보면 계절을 알 수 있어요.

17

April.

13

나를 위해 요리해보세요.
근사한 곳에서 하는 식사도 좋아요.

September.

18

계절에는 출발선이 없어요.
하지만 어느샌가 같은 곳을 향하고 있죠.

THE LADY DUCK
CALENDAR

April.

12

바람은 참 많은 일을 해요.
구름을 밀고, 새를 날게 하고,
꽃씨를 흩날리죠.

THE LADY DUCK
CALENDAR

September.

꾸미지 않아도 아름다운 것이 있어요.

19

April.

11

결국 우리는 행복할 거예요.

September.

오래 시간을 달려온 것들.

20

April.

10

나와 타인이
침묵으로 소통하는 창구.

September.

21

잎이 양쪽으로 자라는 건
햇빛을 안고 비를 품기 위해서예요.

April.

9

꽃 속으로 벌과 나비와 새가 날아들면
봄의 축제 시작입니다.

September.

건강하게 먹어요.

22

April.

봄은 찬란하고 아름다워요.

8

September.   가을이 주는 선물.

23

THE LADY DUCK
CALENDAR

April.

7

오랫동안 살아온 나무는
타인을 위해 큰 그늘을 만들었어요.

THE LADY DUCK
CALENDAR

September.

24

가지는 수그러들지 않아요.
뻗어나갈 뿐이죠.

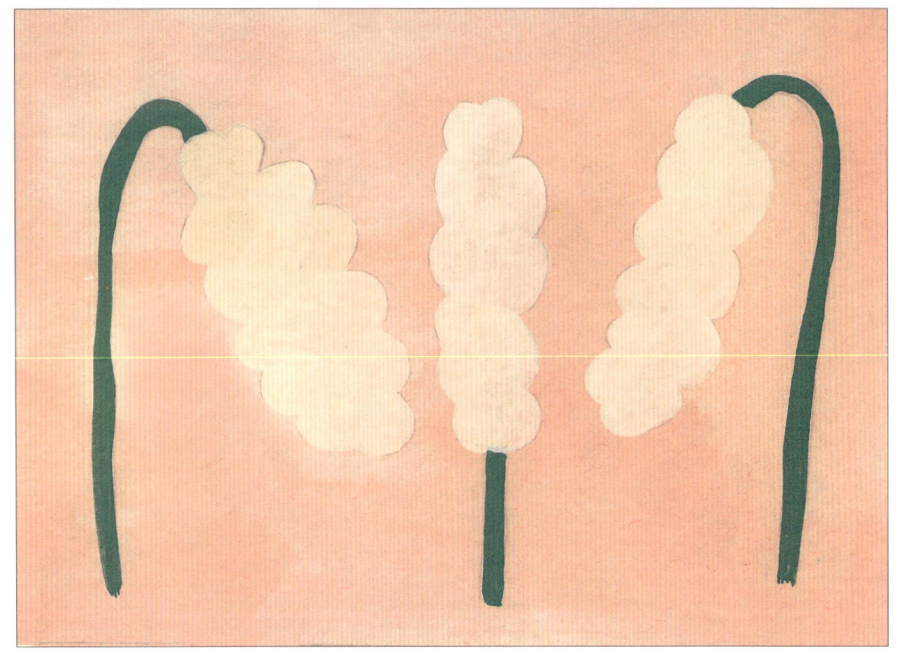

April.

6

비슷한 사람과 있으면 마음이 편해요.
설명하지 않아도 되잖아요.

September.

나무들 사이로 별이 빛나요.

25

April.

5

민들레 홀씨처럼 가벼운 마음을 하면
멀리멀리 날아갈 수 있어요.

THE LADY DUCK
CALENDAR

September.

26

집 안에 있는 화분도
가을을 아는 것 같아요.

April.

4

아무 계획 없이 떠나는 여행에서
많은 행운을 만나게 돼요.
욕심이 없거든요.

September.   너, 나, 우리.

27

April.

3

저 멀리 들판에 흘러가는
평화로운 강줄기.

THE LADY DUCK
CALENDAR

September. 마음대로 자라렴.

28

THE LADY DUCK
CALENDAR

April.

2

달은 알고 있어요.
깜깜한 밤에 누가 울고 있는지.

THE LADY DUCK
CALENDAR

September.

계절을 지나 나에게 오느라 수고했어.

29

April.

1

짙은 어둠이 찾아와도
용기를 잃지 않게 하는 것들.

September.

나무도 우리도 모두 익어가고 있어요.

30

March.

31

봄이 본격적으로 오려나 봐요.

THE LADY DUCK
CALENDAR

October.

당신을 위해.

1

THE LADY DUCK
CALENDAR

March.

30

봄바람에 나무도 살랑, 내 마음도 살랑.

THE LADY DUCK CALENDAR

October.

2

황금보다 더 반짝이고 예쁜 장면들.

THE LADY DUCK CALENDAR

March.

29

나무도 처음에는 작은 씨앗이었죠.

October.

3

뽀족뽀족한 밤송이만 봐서는 몰라요.
그 속에 밤이 얼마나 꽉 찼는지.
사람도 그래요.

March.

28

가녀리지만 이 안에
태양의 빛, 땅의 기운, 바람의 공기가 있어요.

October.

4

크고 둥근 가을의 보름달이
미처 익지 못한 곡식들을 익게 합니다.

THE LADY DUCK
CALENDAR

March.

따뜻한 봄이 오고 있어요.

27

October.

가을 길에서 만난 여린 꽃.

5

THE LADY DUCK
CALENDAR

March.

마음을 담담히 지녀봐요.

26

October.

6

튼튼한 줄기는 큰 잎을 틔웠어요.

THE LADY DUCK
CALENDAR

March.

여기저기서 새싹들이 보여요.

25

October.

물들고 있어요.

7

March.

24

꽃을 사랑하면
행복한 일이 더 자주 생기는 것 같아요.

October.

8

마음이 가는 대로 살아도 충분해요.

THE LADY DUCK
CALENDAR

March.

23

좋은 하루가 될 거예요.

October.

9

하나둘 떨어지는 단풍잎이
너무 바빠 하늘을 올려보지 못한 사람에게도
가을을 알려줘요.

March.

22

거리를 조금 두면
모두가 다 잘 자란대요.

THE LADY DUCK
CALENDAR

October.   짜잔!

10

March.
21

시작이 가장 어렵죠.
단단한 씨앗과 두꺼운 땅을
뚫고 나와야 하잖아요.

October.

11

눈을 감고 숨을 깊게 쉬어보세요.
숨을 쉬는 나를 집중해서 들여다보세요.

March.

20

나를 자라게 하는 것들을
가까이 두어요.

THE LADY DUCK
CALENDAR

October.

12

멋지잖아요.
한곳을 보며 일생을 산다는 것이.

March.

마음을 들여다보세요.

19

THE LADY DUCK
CALENDAR

October.

13

바라지 않아서
옆에 머물 수 있는지도 몰라요.

THE LADY DUCK
CALENDAR

March.

외롭지 않아요.

18

October.

14

한 계절이 만드는 열매도 여러 개인데
마음도 여러 가지 모양이 있는 거죠.

March.

저절로 이루어지는 것은 없어요.

17

October.

15

가득 담지 않아도 되어요.
조금 덜 가져도 마음이 편할 때가 있어요.

THE LADY DUCK
CALENDAR

March.

행복이 한 알 한 알 쌓이면.

16

October.

16

우리 식구가 먹을 열매를
이 나무가 만들어줬어요.

March.

15

일몰이 붉으면
다음 날도 날씨가 좋대요.

THE LADY DUCK
CALENDAR

October.

자연이 만든 노란색을 따라갈 수가 있나요.

17

March.

14

우리는 모두 우주의 작은 조각들.

October.

18

변화에 완벽하게 물들여졌어요.

THE LADY DUCK CALENDAR

March.

13

무지개는 여러 색이
기울어짐 없이 모여 있어서
아름다운 거예요.

THE LADY DUCK
CALENDAR

October.

19

태풍이 와도 가뭄이 들어도
끝끝내 열매를 맺는 일.

March.

12

좋잖아요, 봄이 온다 생각하면.
계절에든 마음에든.

THE LADY DUCK
CALENDAR

October.

가을의 꽃들은 색이 어찌나 예쁜지.

20

THE LADY DUCK
CALENDAR

March.

11

동글동글한 것들은
남을 아프게 하지 않아요.

THE LADY DUCK CALENDAR

October.

21

가을을 곁에 두었어요.

March.

10

흘러감이 있어야 채워짐이 있어요.

October.

내버려두어도 잘 자랄 수 있어요.

22

March.

9

흔들려도 그 자리를 지키고 있는
작은 꽃을 보았어요.

THE LADY DUCK
CALENDAR

October.

23

식물은 생각보다 훨씬 정교하답니다.
그래서 더 감동적이에요.

March.

8

어떤 나비는 수천 킬로미터를 날아
국경을 넘는대요.
종이처럼 얇고 부서질 거 같은 날개를 가지고.

October.

있는 그대로 바라봐주세요.

24

March.

7

따뜻함이 느껴지는 날.
나란히 나란히.

THE LADY DUCK
CALENDAR

October.

25

꽃은 비바람보다 햇살을 맞는 날이 더 많아요.
그래서 불안보다 행복이 더 묻어 있나 봐요.

THE LADY DUCK
CALENDAR

March.

6

햇살을 먹고 자란 꽃이
노란색으로 물드는 걸까요.

October.

26

흔들리면서도 잘 펴줘서 고마워.

March.

5

항상 필요치 않아도
어느 순간 고마운 것들이 있잖아요.

October.

27

달님 제 소원을 들어주세요.

March.

4

평화로운 시간은
자신이 만드는 것.

October.

28

마음은 오히려
작은 것에서 느껴져요.

March.

3

꽃이 보이는 풍경을 만들면
그곳이 꽃밭이죠.

THE LADY DUCK
CALENDAR

October.

머뭇거리지 말고 진심을 주고 오세요.

29

March.

2

봄이 오면 겨우내 웅크린 만물이
모든 에너지를 모아 튀어 올라요.

THE LADY DUCK
CALENDAR

October.

계절을 보면 인생을 보는 것 같아요.

30

THE LADY DUCK
CALENDAR

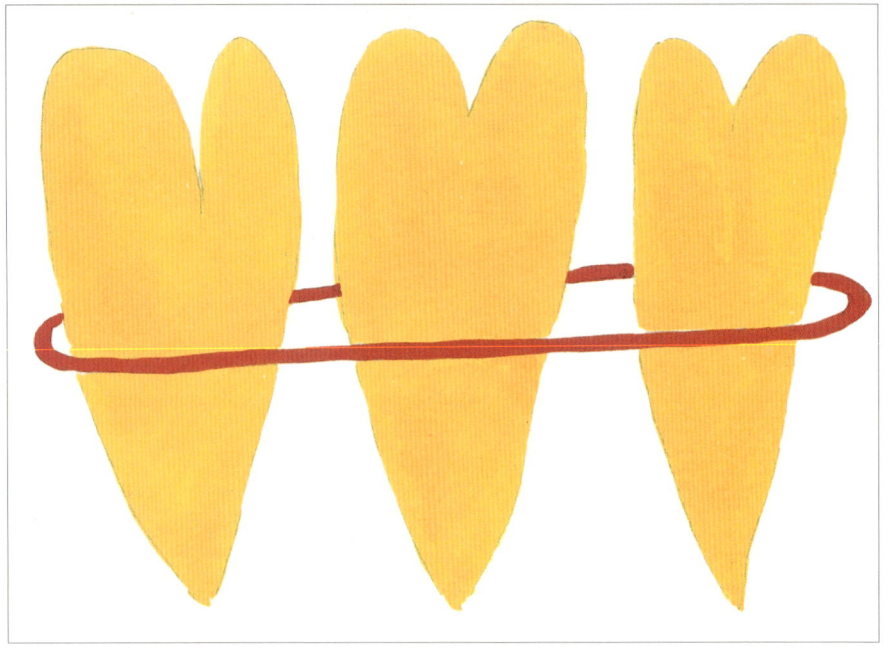

March.

같은 마음.

1

October.

31

낭비하지 않는 태도가 좋아요.

February.   우주의 일.

29

November.

쌓이는 봄과 여름 그리고 가을의 흔적.

1

February.

28

각지고 모난 마음도 잘 살펴주세요.

THE LADY DUCK CALENDAR

November.

여물어 간다는 것, 물들어 간다는 것.

2

February.

마음에도 매듭을 지어봐요.

27

November.

3

어느새 달라져 있는 풍경.

THE LADY DUCK
CALENDAR

February.

오늘 구름은 어떤 모양인가요?

26

November.　　　　가을의 밤.

February.

25

바다는 마음이 넓어
하늘을 품고 석양을 품고
반짝이는 햇살도 품어요.

November.

마음에도 풍년이 오길.

5

THE LADY DUCK
CALENDAR

February.

태양은 뜨고 지고
나무는 매일 조금씩 자라고.

24

November.

6

잎은 졌어도
어떤 꽃을 피웠었는지 다 알고 있어요.

February.

23

나의 장점 열 가지를 생각해보세요.
소소해도 좋아요.

November.

7

식물이 해를 따라가듯,
마음이 기우는 쪽으로 몸이 갑니다.

February.

22

꽃병에 설탕을 넣으면 꽃이 더 오래 산대요.
우리도 그렇잖아요.
단것 먹으면 힘도 나고 웃음도 나고.

November.

8

집에 식물을 들이는 건
살아 있는 생명이 느는 것이랍니다.

THE LADY DUCK CALENDAR

February.

21

밥은 좋아하는 사람이랑 먹는 게
제일 맛있어요.

November.

9

떫었던 감이 시간이 지나
달달한 홍시가 되었어요.
그게 시간이지요.

February.

20

어울려 살 때가 가장 예쁘죠.
나비도 혼자 못 살고 꽃도 혼자 못 살잖아요.

THE LADY DUCK
CALENDAR

November.

혼자서도 열매를 맺은 이 아이가 기특해요.

10

THE LADY DUCK
CALENDAR

February.

19

꽃을 사는 일은 낭만을 사는 일.

THE LADY DUCK
CALENDAR

November.

가을을 맞이하는 속도는 다 달라요.

11

February.

18

장소가 바뀌면 보이는 것도 달라져요.
용감함이 주는 선물이죠.

THE LADY DUCK
CALENDAR

November.

한적하고 여유로운 풍경 속으로.

12

THE LADY DUCK
CALENDAR

February.

귀여운 것들이 붙어 있는 나뭇가지.

17

THE LADY DUCK
CALENDAR

November.

13

외로울 때도 있죠.
해도 밤에는 지고,
달도 반쪽이 되기도 하니까요.

February.

16

봄이 오고 있을까요?

THE LADY DUCK
CALENDAR

November.

14

느슨하게 늘어진 것처럼 보여도
단단히 붙잡고 사는 거예요.

THE LADY DUCK
CALENDAR

February.

15

식물은 잎이 두껍고 투박해야 오래 산대요.
내 마음도 그랬으면 좋겠어요.

November.

15

작은 찻잔에 꽃을 꽂아두니
찻잔이 호수가 되었다.

February.

추운 겨울이었지만 꽃은 피었어요.

14

THE LADY DUCK
CALENDAR

November.

16

매일 먹을거리를 챙기고 내 마음도 챙기며
그렇게 우리 살아가요.

THE LADY DUCK
CALENDAR

February.

13

흔들리는 햇살에
꽃도 춤추고 내 마음도 춤춰요.

November.

17

풍부한 색의 계절들을 지나왔기에
겨울이 오는 것도 두렵지 않아요.

February.

12

사랑해줘요.
나를, 나를, 나를.

November.

18

봄과 여름이 지나고 가을이 오면
세상은 또 다른 색으로 채워집니다.

THE _ADY DUCK
CᴬLENDAR

February.

11

산책을 자주 하면
매일의 계절을 알 수 있어요.

THE LADY DUCK
CALENDAR

November.

시간이 흘러가는 것.

19

February.

자라고 있어요.

10

November.

곁에 있어주는 것만으로도 위로가 되잖아요.

20

February.

9

빛을 내며 반짝이는 게 하늘에만 있나요.
내 마음에도 있어요.

THE LADY DUCK
CALENDAR

November.

21

살아가는 데
초랑 성냥이 반드시 필요하지는 않지만,
이런 것들이 마음을 따뜻하게 해요.

February.

8

같이 있다는 것만으로도.

THE LADY DUCK CALENDAR

November. 가을의 색.

22

February.

7

행복은
평화를 사랑하는 마음에서부터.

November.

좋은 기억을 말려두어 오래 간직해요.

23

February.   둥글게 둥글게.

6

THE LADY DUCK
CALENDAR

November. 자연의 기운.

24

THE LADY DUCK
CALENDAR

February.

멀리 보려면
시야가 넓어져야 해요.

5

November. 느린 게 어때서요.

25

February.

4

새싹이 고개를 내미는 쪽은
어두운 땅이 아니라 밝은 하늘이에요.

November.

26

호수는 요동침이 없어요.
잔잔해요.

THE LADY DUCK
CALENDAR

February.

그런 곳에 가면.

3

November.

27

봄 여름 가을을 지나 제 몸을 깎고
다시 겨울로 던져져 달큰하고 쫄깃해진다.
온 계절의 합동작품.

THE _ADY DUCK
C^LENDAR

February.

2

바람에 내 슬픔도 실려 갔으면.

November.

꼿꼿하게 자라는 것에서 위로를 얻어요.

28

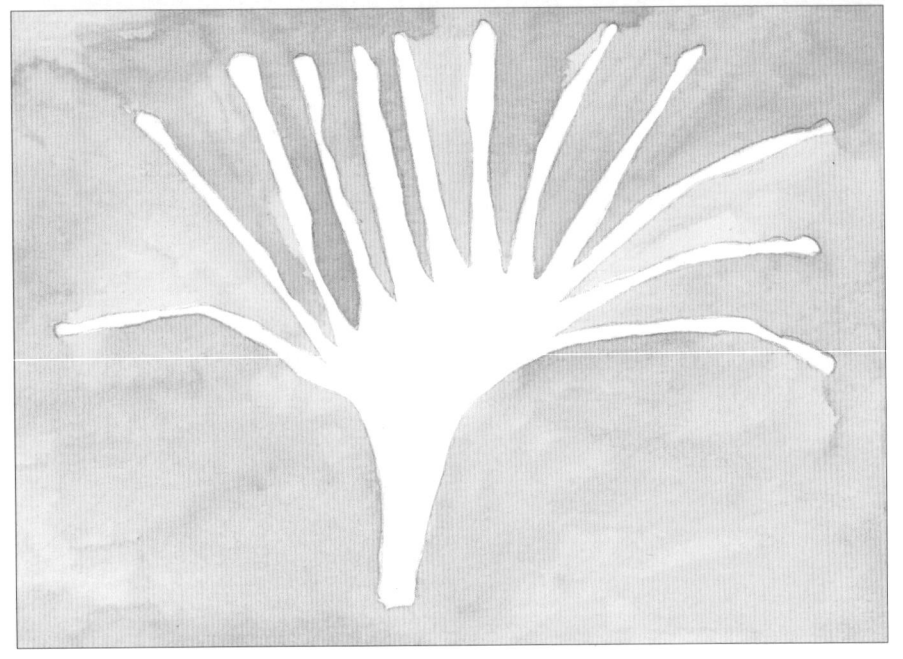

February.   간지러운 햇살.

1

November.   단조롭고 간결한 것의 힘.

29

THE LADY DUCK
CALENDAR

January.

조금은 따뜻해진 것 같은데.

31

THE LADY DUCK
CALENDAR

November.

가을은 나무의 끝자락부터 시작된다.

30

THE LADY DUCK
CALENDAR

January.

30

한겨울에 피는 동백은 강인하고 용맹해요.

THE LADY DUCK
CALENDAR

December.

1

작은 것에 너무 마음 쓰지 마세요.
작은 것일 뿐이에요.
더 크고 많은 것을 보세요.

THE _ADY DUCK
CALENDAR

January.

29

많이 담아요.
좋은 생각, 좋은 마음, 좋은 기억.

December.

2

눈아 쏟아져라! 동심아 쏟아져라!

January.

28

따뜻한 차는 얼어 있던 손도,
우리 마음도 녹여줘요.

THE LADY DUCK CALENDAR

December.

3

올해는 눈사람 말고 다른 걸 만들어볼까요?

THE LADY DUCK CALENDAR

January.

27

노을이 져야 해가 가라앉고
열매가 져야 다시 싹을 피워요.

December.

4

수북수북 눈이 쌓인 날.
기뻤던 그 마음을 떠올려 봐요.

January.

26

천천히 가도 괜찮다고 말해주세요.

December.

5

일 년을 기다려서 만난 눈,
신날 수밖에 없잖아요.

January.

25

차갑고 시린 것이 내리는데
왜 마음은 포근해질까요.

THE LADY DUCK
CALENDAR

December.

온 가족이 행복한 날.

6

THE LADY DUCK
CALENDAR

January.

온기가 퍼져나가 몽글몽글.

24

December.

7

굴러가면 굴러가는 대로 두세요.
짓점을 찾게 될지도 몰라요.

January.

23

철새들은 계절을 이고 날아가요.
새들의 종착지는 늘 봄이거든요.

December.

별과 가장 가까운 나무들이 있는 곳이에요.

8

January.

22

차곡차곡 산에 눈이 쌓여요.

December.

9

추워지면 꺼내는 것들이 있죠. 따뜻한 것들.
그래서 마음이 추우면 당신이 생각나요.

January.

21

겨울에 잠들고 봄에 깨는 곰.
겨우내 비축한 힘으로 한 해를 나는 거예요.
그러고 보면 시작부터 될 필요가 없어요.

December.

10

눈을 맞으러 밖으로 나가본 적 있나요.

THE LADY DUCK CALENDAR

January.

20

인생에서 즐겁고 슬픈 것을 나누는
고마운 사람들, 친구.

December.

눈 오는 날은
이유 없이 달콤하고 로맨틱하잖아요.

11

January.

19

모든 게 눈에 덮이면 마음이 편해져요.
복잡한 마음을
하얗게 시워주는 느낌이날까요.

December.

캐럴이 들리기 시작해요.

12

January.

18

눈이 쌓이고, 쌓이고, 쌓인 날.

THE LADY DUCK CALENDAR

December.

13

당신을 생각하면 마음이 활짝 펴요.

January.

겨울이 그려낸 풍경들.

17

THE LADY DUCK
CALENDAR

December

14

추운 겨울에 호호 불면서 먹는
뜨겁고 달콤한 고구마.

January.

16

올해 어떤 일이 벌어질지 궁금해요.
우리 부지런히 나아가요.

December.

15

겨울이 되면
귤을 한 박스 보내주는 친구가 있어요.
덕분에 감기 없이 겨울을 나요.

January.

단단하고 꼿꼿하게.

15

December.

16

한 해 고생했다고
나에게 선물 하나 어때요?

THE LADY DUCK
CALENDAR

January.

싹을 틔울 나무들.

14

THE LADY DUCK CALENDAR

December.

17

서로 다른 사람이 만나
같은 자리를 지키고 함께 계절을 지나는 것.

THE LADY DUCK
CALENDAR

January.

고요함이 주는 안정감을 느껴보세요.

13

THE LADY DUCK
CALENDAR

December.

작은 트리로 큰 기분을 내는 일.

18

January.

12

한겨울에 만난
따뜻한 봄의 씨앗들.

December.

19

어릴 적에는 엄마 아빠가 선물을 줬는데
이제는 누가 제 선물을 주나요.

January.

11

별에게 이런저런 이야기를 하게 돼요.
올해 좋은 일이 많이 생겼으면 좋겠다고.

December.

20

올해도 수고했다고 나에게 말해주세요.

THE LADY DUCK CALENDAR

January.

10

새해 계획들이
잘 흘러가고 있나요?

THE LADY DUCK
CALENDAR

December.

21

나이가 들어도
뜨거운 열정은 계속 가지고 싶어요.

January.

9

마음속에
사랑하는 사람이 살고 있어요.

December.

22

누구가의 선물을 고를 땐, 그 사람이
어떤 사람이고 취향이 무엇인지 생각하게 돼요.
그러면서 다시 그 사람이 고마워져요.

January.

따뜻하고 안락한 곳으로.

8

THE LADY DUCK
CALENDAR

December.

마음을 표현하고 싶은 사람들을 떠올려 봅니다.

23

January.

7

가끔은 엉뚱한 시각으로
생각하는 것도 좋아요.

THE LADY DUCK
CALENDAR

December. 설레는 밤, 12월의 밤.

24

January.

6

하얀 산 위에 하얀 구름은
겨울만 만들 수 있어요.

THE LADY DUCK
CALENDAR

December.

메리 크리스마스!

25

THE LADY DUCK
CA_ENDAR

January.

5

겨울은
멋진 풍경과 웅장함을 가졌어요.

THE LADY DUCK CALENDAR

December.

26

어땠나요? 당신의 일 년은.
행복한 순간들이 마음에 쌓였나요?

January.

조용하고 고요한 겨울.

4

THE LADY DUCK
CALENDAR

December.

27

찬찬히 나를 돌아봐요.

January.

차갑지만 설레는 1월의 아침.

3

THE LADY DUCK CALENDAR

December.

잔잔하게 하루를 보내기.

28

January.

2

어른도 어린이가 되는
마법의 가루.

THE LADY DUCK
CALENDAR

December.

29

수고했다고 나를 안아주세요.
나를 쓰다듬어주세요. 스스로 칭찬해주세요.

THE LADY DUCK
CALENDAR

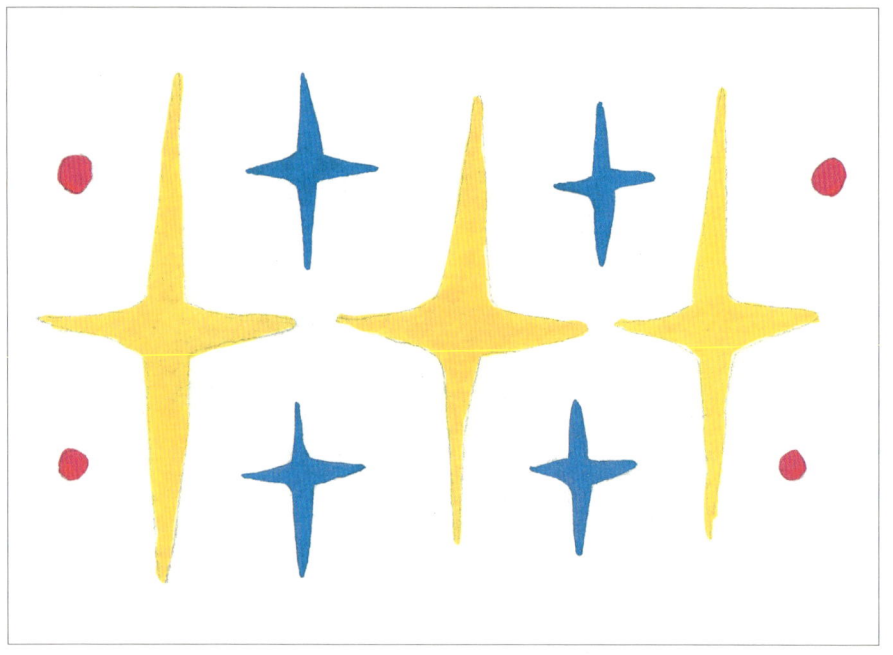

January.

반짝반짝.
시작하는 마음.

1

THE LADY DUCK
CALENDAR

December.

30

다람쥐가 숨겨놓은 도토리들은
나중에 떡갈나무가 됩니다.
그렇게 인생은 아무도 모르는 거예요.

당신이 행복하길 바랄게요 ♥

December.

아디오스!

31

봄이면 봄이라서

여름이면 여름이라서

가을이면 가을이라서

겨울이면 겨울이라서

하루를 물들이는 수채화 일력

오리여인의 365일 만년 달력